Romanceros y versos
de andar por casa

Romanceros y versos de andar por casa

Encarnación Jiménez Maestre

EDICIONES PANGEA

Primera edición: marzo de 2026

Del texto: © Encarnación Jiménez Maestre

De esta edición: © Ediciones Pangea, 2026
41720 Los Palacios y Villafranca, Sevilla
www.edicionespangea.com

Obra de cubierta: Inma Fierro
Fotografía de la autora: Salva Barroso
Edición al cuidado de Fátima Ruiz Jiménez y José Peña Fierro
Composición de cubierta: Sodara Studio

ISBN: 979-13-991750-1-1
Depósito Legal: SE 884-2026

Impresión: Ulzama Digital
Impreso en España / *Printed in Spain*

*A mi madre, a los que se fueron
y a los que aún quedan. De corazón.*

PRÓLOGO

Por Inma Fierro

Uno da por hecho —por costumbre, por consanguinidad, por la ilusión de la cercanía— que conoce a la persona con la que convive: a quien habita nuestros días, a quien comparte con nosotros instantes que creemos rutinarios. Damos por hecho, sí. Porque vivimos inmersos en nuestro propio universo vital y el pulso acelerado de la vida nos instala, ahora más que nunca, en una inconsciencia cómoda: la de creer que convivir es conocer en esencia.

Lo que solemos ignorar en ese presente compartido es que esa persona que «tan bien conocemos», al igual que nosotros, respira hacia dentro y hacia fuera, se alimenta de sus propias alegrías y de sus inevitables tristezas, y va tejiendo un pensamiento único e irrepetible a partir de su experiencia, de su manera íntima de inspirar —y espirar— la vida.

Hay algo profundamente revelador cuando uno se asoma al alma de otra persona, ya sea a través de la mancha pictórica, del gesto en la danza o —como sucede aquí— de la palabra escrita. Es entonces cuando se produce la conexión: cuando uno abandona su burbuja personal para adentrarse en un territorio ajeno, extraño y, sin embargo, sorprendentemente familiar. Y lo verdaderamente milagroso ocurre cuando ese universo distante nos resuena y nos devuelve reflejos de nuestra propia vivencia: un sueño de infancia, un beso al caer la tarde, una juventud o un instante que no fue nuestro y que, aun así, reconocemos como propio.

Personalmente, me resulta extraño y fascinante comprobar cómo, tras la lectura de *Romanceros y versos de andar por casa*, más allá de la familiaridad que me une a Encarnación, he viajado a tiempos y momentos que no me pertenecían, pero que he hecho míos. He leído a la autora y, a través de su palabra, he vivido su vida. He visto al cuco, he caminado por el campo, he paseado por una calle Real en la que yo no existía y he sido mayor sin serlo aún del todo: criando hijos, llorando, riendo, resistiendo.

Encarna, la del Purri, es la segunda de siete hermanos. Llegó en marzo, mes de primavera, aunque le tocó habitar un tiempo que hoy nuestros jóvenes deberían estudiar con mayor detenimiento: la dictadura. Creció en el seno de una familia humilde del Bajo Guadalquivir y, en el sueño truncado de estudiar y formarse a través de los libros, aprendió del campo. Se crio con padres de corazón ancho y carencias afectivas, y se ejercitó desde niña en la humanidad cercana, en los golpes y en la ternura que la vida reparte sin previo aviso.

En tiempos de hambre y de infancia acortada, Encarna supo encontrar la risa, el asombro y la magia en los rincones de su niñez, junto a su tía de Carmona. Tras una juventud entregada al trabajo por y para la familia, se fue construyendo a sí misma y levantó su propio hogar junto a Manolo, su marido, y sus cuatro hijos: una existencia hecha de raíz, de memoria y de palabra.

Durante los años de crianza no hubo tiempo para dar voz a su mundo interior. Pero fue al llegar a los sesenta, cuando —como ella misma dice— «los pájaros comenzaron a dejar el nido», cuando aparecieron los silencios fértiles: esos en los que la escritura encontró su lugar y el pensamiento propio empezó, por fin, a decirse.

Tras leerla, es cuando conozco a la Encarna más personal, en su intimidad como mujer, como ser irrepetible. Es ahí donde conecto con sus poemas desde la humildad más honda. Y entonces viajo, sueño, canto y lloro, y hago aquello que el arte viene a regalarnos: otras formas posibles de estar vivos.

Esta autora nos muestra que no hacen falta grandes estudios para desvelar la condición del alma ni para nombrar el pensamiento a través de las letras. Es precisamente su condición humilde la que da sentido y valor a una obra construida desde la honestidad profunda y, por tanto, desde un desnudo íntegro del propio interior. Y si lo pensamos bien, ¿acaso no es eso la generosidad y la belleza en su estado más puro?

Esta obra nos permite mirar, sentir y reconocernos en el otro. Nos enseña que la verdadera cercanía no depende de la sangre ni del hecho de compartir un mismo espacio-tiempo, sino que nace de la atención, la empatía y el respeto. La sencillez de estos versos me ha permitido experimentar la riqueza de la vida ajena: habitar su momento, leer su historia, conocerla —si me lo permitís— de verdad. Y, sin pretenderlo, la autora me ha devuelto algo que necesitamos con urgencia en nuestro presente más cercano: abrazar la vida misma, practicar la dulzura en lo aparentemente banal y volver a confiar, poco a poco, en la humanidad.

Enero de 2026

HOY SOÑÉ

Hoy soñé que era niña,
niña de muy pocos años,
con mi familia querida
y los Reyes que pasaron.

Cómo corría y corría.
¡Qué de regalos me fueron dando!
Yo, tan alegre y feliz,
todos los fui guardando.

Soñé con mi hada madrina.
¡Qué suerte tuve de tenerla!
De ella aprendí en la vida:
siempre hacer el bien y siempre recordarlo.

¡Qué buena fue conmigo!
Nunca la olvidaré.

Esas cosas que cuando eres niño
las vas guardando en tu ser,
y al paso del caminar,
las vas dejando caer.

Llegó el día y desperté.
¡Hoy! ¡Precisamente hoy!
Día de mi cumpleaños.
¿Cuántos? ¿Cuántos cumplía?
Sesenta, sesenta años.
¿Cómo cambié de repente
mi alegría por el llanto?

¿Por qué al cumplirlos
tenía que hacerlo llorando?

¡Cuántos caminos anduve!
¡Cuántos pasos arrastrando!
¡Cuántos vientos y temporales!
Yo los vi…
Y los fui pasando.

¡Cuántos cardos amargos
yo fui tragando!
Tantos que espinas eché
y ahora me están pinchando.

Y pinchan por pinchar,
por echar fuera los cardos.

Si a la vejez me asomo,
no quiero cumplir llorando,
yo fui muy feliz
porque nací en el campo cantando.

Son mis primeros versos,
perdonad si estoy llorando.

15/03/2002

CARNAVAL

Hoy, por primera vez
fui al Hogar del Pensionista a una fiesta.
Eran todos mayores,
un carnaval sin caretas.

Algunos cojeaban,
otros llevaban muletas.
¡Cuántos surcos por sus caras!
Por centenares se cuentan.

¡Pero cuánta vitalidad! ¡Pero cuánta fuerza!
Cómo bailaban y bailaban,
algunos ¡hasta con la muleta!

Yo los miraba y pensaba:
¿De dónde sacarán las fuerzas?
Tanto trabajar…
y no tener una peseta.

La vida ha cambiado,
ya se ha ido la miseria,

hoy contamos con los euros
y tenemos ganas de fiesta.

Hay que vivir la vida
para lo poco que queda.

BUENA ESPERANZA

En estado de buena esperanza
se le atribuye a quien queda embarazada,
cuando desde el vientre empiezas a querer
al hijo de tus entrañas.

¡Qué largo se hacen los días
para poder ver su cara!

Por fin llega el día
que tanto esperabas.
¡Qué frágil, tan pequeñito!
No le va a faltar de nada.
Te lo acercas a tu pecho
y con amor lo amamantas.

Lo alimentaste nueve meses
y ahora te sientes entregada.

Sus primeros pasos,
su colegio,
¡todo pasa!

El día de su primera comunión,
se te escapa el alma.

¡Ay, adolescencia dorada!
Que quieren independencia
y tú ves cómo se escapan.

La calle, desvelo para los padres.
El tiempo pasa... y no lo puedes detener.

Que si hoy un cumpleaños,
que si fiestas de pijama,
y se te va escapando
como se escapa el agua.

Ayer vino a las tres.
Hoy a las cuatro de la mañana,
y te dan las claras del día,
sentadita en tu cama.

Que si «estás pasado de moda».
¡Que no entendemos nada!
¿Qué hay que entender
cuando la noche es tan larga?

La calle
escalofríos me da;
cierro los ojos
y nada quiero escuchar.

Discotecas, bailes y reuniones,
botellonas con alcohol,
el tabaco, las drogas y la diversión.
En los fines de semana,
se me parte el corazón.

Pero qué más da
si el hijo de tus entrañas
vuelve otro día al hogar.
Tú lo miras a los ojos,
pero con el alma *destrozá.*
Los hijos de tus entrañas
así te van a pagar.

TRONCO SECO

Tronco seco,
¡qué distinto es todo
a cuando eras más joven!

Hoy recuerdas otros tiempos,
tus hojas,
tu flor
y tus frutos.

Todos fueron cayendo
y tú, con alegría, los fuiste viendo.

Cuánta sombra diste
en tiempos secos,
y en ti se cobijaba
más de un pastor en invierno.

Todo se fue marchitando
a través del tiempo
y solo se fue quedando
tu tronco seco.

Ahora solo espera
ser fuego de una hoguera.

CARRETERA

Carretera de frío y viento,
de lluvia y de temporal,
qué largo se hace el camino
cuando te echas a andar.

Tú, que resbalas con el agua
y eres seca al frenar,
frenos que se necesitan
para poderte parar.

Todo el que se acerca a ella
se debería santiguar,
porque no se sabe nunca
si a casa volverás.

Y se coge una y otra vez...
Y a veces, sin responsabilidad.

JUVENTUD

Juventud que con tú móvil
siempre pegado vas,
todo te lo dieron hecho:
informática y electricidad.

Tú no sabes afrontar
caminando, siempre aburrido
y siempre de bar en bar.

Sin trabajo y sin futuro,
sin tiempo para pensar,
solo lo que unos pocos
se atreven a quererte dejar.

Los estudios se hacen duros,
los exámenes aún más.
Te vas haciendo hombre
y ni cuenta te das.

El mundo se te echa encima
y tú no lo sabes soportar.
Y así vas cayendo en vicios
para poder olvidar.

VEJEZ

¿Por qué te resquebrajas, vejez,
como una vieja pared?
¿Tan fuertes fueron los vientos
que en las noches se te crujen
hasta los cimientos?

En las noches largas,
tus crujidos van y vienen
esperando un frío viento
que los lleve.

Si todo lo ves más claro,
¿por qué no lo quieres ver?
Tus cimientos se desmoronan
y tú los vas viendo caer.

¡Ay de aquel
que no te llegó a conocer!

PRIMAVERA

Primavera de sol y flores,
vientos y chaparrones.

El verdor de los olivos
y el brillo de tus flores,
el zumbido de las abejas
que sutilmente buscan el polen.

El azahar con su fragancia enorme...
Todo, todo... te hace sentir que eres un hombre.

Las mariposas con su vuelo
y en el huerto
anida el jilguero.

La espiga preñada del trigo,
la amapola en el trigal
y la cigarra con su cantar.

¡Qué bonita primavera,
que nunca debiera terminar!

Luego el verano llega
y todo… se vuelve a secar.

BAGDAD

Los ojos me duelen
de mirar el cielo,
de rezar el Rosario,
de pedir con el alma a la Virgen
a ver si esta guerra termina ya.

Van pasando los días
con proyectiles y metralla,
cada vez son más los muertos,
los heridos y las bajas.

¿Qué error cometieron?
Si nacer en el desierto,
donde el petróleo manda.

¡Ni agua para beber
tiene esa Tierra Santa!

Acribillados a balazos
para quitarles su plata.

Su plata, su oro negro.
Rompen el alma.

¡Su guerra santa se atreven a llamarla
a gritos en la garganta!

Y sin piedad bombardean
para echarlos de sus casas.

Qué injusta es la vida.
¡De Santa no tiene nada!
Solo es santa la voluntad de Dios,
y eso será el día de mañana.

¡Dejadlos vivir en paz!
Mejor que muertos en casa.
¡Qué desgracia la suya
de vivir en Tierra Santa!

Solo calor y arena,
abrasadas sus gargantas.
Solo la Virgen María
tendrá piedad de sus almas.

A LA FERIA

Para la feria de Sevilla
te vestiste de gitana,
con el pelo recogido,
dos lunares en tu cara.

El caracolillo en la frente.
¡Lo guapa que tú estabas!

Con tu traje de lunares,
ceñido a tu cuerpo va,
y tus andares de feria
que llenan todo el Real.

Los flecos de tu mantón
con el viento se atreven a jugar.

Tus ojos me van diciendo
que te acompañe al Real
con mi caballo blanco,
y tú a la grupa vas.

¡Qué arte!
¡Qué señorío!
¡Vamos para el Real!
Que me compré unos zahones
y los tengo que estrenar.

Para cuando el sol brilla,
un sombrero me compré,
para lucirlo en la feria de Sevilla.

Ya llegamos al paseo.
¡Qué arte! ¡Qué maravilla!
Así que vamos a disfrutar
de nuestra feria de Sevilla.

SOLEDAD

Soledad de Viernes Santo,
¡qué grande es tu soledad!
Tan sola en el auxilio
y nadie te viene a buscar.

Con tus ojillos pequeños
mirando a las puertas estás,
y van pasando los días
con tu eterna soledad.

¿Cómo estás sola en el mundo?
Si tus hijos criaste,
a los que diste vida
y amamantaste.

Por eso es más grande tu pena
y el corazón se te parte.

Hoy es tu cumpleaños.
Soledad de Viernes Santo,

nadie te vino a ver,
ni tan solo compañía un rato.

Qué largos se hacen los días
mirando aquel retrato
de cuando eran pequeños
y los tenías en brazos.

¡Que no podían venir!
Porque tienen mucho trabajo.
Mañana quizá vengan
y yo pueda contemplarlos.

Soledad de Viernes Santo,
ayer hizo un mes
desde que dijeron que vendrían
y tú aún los sigues esperando.

No pierdes la esperanza
aunque estés agonizando
sola en tu habitación,
Soledad de Viernes Santo.

AMOR

¡Qué grande es el amor
cuando se está enamorado!

Su cara, sus ojos…
Sus manos…
Cuántas veces te miré
y nunca me he cansado.

Mirando tus ojos
vi el cielo,
¡la gloria en tus manos!

Cuántas veces
mis ojos te lloraron
¡de gloria que no de pena!,
pues tú todo me lo has dado.

Pero qué poco te doy yo
para todo lo que me estás dando,
es tanta mi confianza
que a veces me ha superado.

Y sigo mirando tus ojos,
que siempre miro y miro.
¡Tuya siempre te diría!
Hasta el último de mis días.

PLAYA DE CÁDIZ

Te mojas los pies
en sus frías aguas.
Camina deprisa el viento a tu espalda,
y si cambia de rumbo,
casi no andas.

Los vellos de punta,
levante de cara.
¿Qué viento en la tarde?
¿Qué viento mañana?

Con el fuerte viento
se despeja el alma.
Lágrimas en los ojos,
cabeza agachada.

Sigues caminando
con toda tu carga
y tus pies se sumergen
en sus frías aguas.

Se deshacen las arenas
bajo tus pisadas.
Y tú… vas caminando.
¡Qué paz!
¡Qué calma!

VIDA

Muerte que acecha
tan triste y negra,
qué largos los días
si triste te encuentras.

Qué duras las horas
si el dolor te aprieta.

Largos los días
sin levantar cabeza.
¡Cómo duelen las llagas
en tu larga siesta!

En cambio, todo es distinto
si el amor encuentras,
se pasa el tiempo
y no te das ni cuenta.

Si estás con los tuyos,
qué feliz te encuentras,
se pasó la vida
y no me di ni cuenta.

DOMINGO

Fiesta de Domingo,
hoy no se hace nada,
vas a misa
y regresas a casa.

Te esperan tus nietos,
les cantas una nana,
les cuentas un cuento
y nunca se cansan.

Piensas: ¡Cuánta energía!
Para un fin de semana,
eso es lo que dura
una infancia.

Luego despacio
la vida se pasa
y llega el domingo
y por fin se descansa.

EL PÁJARO

Ave que vuela.
¡Qué bonita libertad!
¿Cuándo para tu vuelo?
¡Qué me gusta tu cantar!

Haces el nido
al respaldo de la tempestad,
vuelves con los tuyos,
a tus polluelos criar,
y les enseñas tu cantar.

Ellos dejarán el nido
y buscarán su libertad.

Unas veces los encuentras
y otras los perderás.
Tú, que les enseñaste siempre a volar,
si caen presos,
siempre añorarán
esa bonita libertad.

DEPRESIÓN

Depresión,
mala enfermedad,
nada ves bien
y todo lo ves mal.

El sol brilla
y tú no lo ves brillar.
Las flores perfuman el viento
y a ti todo te da igual.

El jilguero canta
y ni lo oyes piar.

Cuando cae la lluvia,
solo oyes tronar,
pues ni a la ventana
te quieres asomar.

Todo lo ves negro,
imposible de cambiar.

Sal a la calle
¡y ponte a gritar!

No mires hacia dentro
y ponte a cantar,
que cantando
puedes romper a llorar.

Fuera la pena,
no caviles más,
vive la alegría
que esperándote está.
¡Son tan pocas las veces
que hasta se pueden contar!

JUVENTUD DE DICTADURA

Juventud de dictadura,
donde todo era pecado,
donde todo era censura.

Triste juventud
que no tiene padrino
y te hacen sentir
muy poquita cosa.
Los que tienen padrino...
Esos...
Esos... son otra cosa.

Diferencias sociales
existentes en el tiempo,
los suspiros y tristezas
se los lleva el viento.

Pasa la adolescencia
llena de complejos,
pocos estudios,
pocos arreglos.

Con tu cara lavada,
te miras al espejo.
¿Qué ves en él?
Juventud y sufrimientos,
mucho trabajo,
poco sustento.

Con alpargatas blancas
sales de paseo.
¡Cuántos pisotones,
Juventud, te dieron!
Tantos que blancas
más nunca fueron.

¡Cuántas frustraciones,
Juventud, te dieron!

NADA

Mañana de lluvia,
una gris mañana,
las nubes van y vienen
y agua descargan.

Sentimientos que afloran
sin esperanza.
Todo está gris,
no hay ganas de nada...
Todo languidece,
hasta la esperanza.

¿Por qué todo está oscuro?
Si el agua limpia,
lava las flores
y lava las ventanas.
Sin embargo
se quedó sucia el alma.

Si el alma no se limpia,
todo se empaña.

Los sentimientos
no se los lleva el agua.
Agua que arrastra,
¡devuélveme la esperanza!,
que un día la perdí
y hoy...
hoy no tengo nada.

FORTALEZA

Viento frío
que azota mi fortaleza.
Yo, que la hice de piedra
para que no de desboronara
y ahora tiembla...

La hice con mis manos
y también con la cabeza,
pensando que todo iría bien
con mi amor
y con mi entrega.

¡Qué canalla el viento
que se la lleva!
Pongo las piedras
y vuelven a caer.

Araño las arenas,
refuerzo los cimientos
con más fuerza,

y si un día me canso,
pido a Dios
¡fortaleza!

GOLONDRINA

Dedicado a los veinte años

Golondrina que alto vuelas,
apacigua tu vuelo,
que la vida te espera.

Tienes que luchar,
pues todo en la vida
no es cantar y cantar.

Tienes que hacer el nido
para tus polluelos criar
y, cuando llegue el invierno,
tienes que emigrar.

Duro será el camino
y te tendrás que acostumbrar.

Lágrimas de sangre
te va a costar.
Tú que pasaste la juventud
entre cantar y cantar.

LIBERTAD

Bonita la libertad
cuando se sabe llevar.
La vida es una balanza
que hay que cavilar.
Darle su peso justo,
ni un gramo menos
ni un gramo más.

Es difícil,
ya lo sé,
hay que saber pesar:
mal si no llegas...
y, si te pasas, más.

Todas las noches en la calle,
¿qué se puede esperar?
Si la calle te gana,
mala es la libertad.

Todo el día libre
no se puede estar.

Algo habrá en la vida
que te llegue a enamorar.
Y si ese algo no llega,
¿para qué la libertad?

MADRE

Madre,
qué palabra más bonita
que de mi boca sale.

Qué poco te apreciamos
mientras a tu vera estamos.

Ella es aire,
aire que respiramos,
y mientras está a tu vera
ni cuenta nos damos.

Respiras y vas viviendo
y no te das cuenta
del frescor del viento.
¡Qué mirada tan limpia!
¡Qué consejos tan sabios!
¡Qué aire tan suave
el de tus manos!

Cuentos de niño,
brisas de mayo,
canciones de cuna
que me cantaron.

Navidades blancas
las que pasamos.

Tú estabas a mi lado
y no lo había notado.

Desengaños en la vida
a tu respaldo,
y tú firme,
siempre me has resguardado.

Si tú caías enferma,
yo me asfixiaba,
pues el aire fresco
a mí me faltaba.
Como planta de agosto,
yo me secaba.

Por tantas cosas, madre,
hoy te recuerdo

con aire turbio,
con olor a muerto.
Rosas marchitas y crisantemos.

¡Que me falta el aire
es lo que siento!
Con el talle mustio,
¡que me falta el viento!

SOLTERA

Soltera no te quedes,
me dijo mi madre un día,
que la soledad es muy mala,
¡y qué razón tenía!

Cuando pasan los años,
te vas poniendo mayor,
y de todas las enfermedades
la soledad es la peor.

Tus hijos *cogen puerta,*
ellos están viviendo
lo mismo que hiciste
con la edad de ellos.

Tú sola te quedas,
con los recuerdos.
¡Y no es malo recordar!
Pero hay que seguir viviendo.

Soledad que estás en mi puerta,
¡no entres dentro!
Yo tengo quien me quiera,
lo quiero seguir creyendo.

ANHELO

Cada día me levanto
con un anhelo nuevo.

Trabajas duro
y miras al cielo,
¿qué será mañana?

Cuando las fuerzas me falten
y sea vieja,
¿qué será de mis anhelos?
¡Tantos soñados!
¡Tantos vividos!
Y ¡qué pocos hechos!

Te prometieron tantos
que no se cumplieron
y te sientes vacía
con tus anhelos.

Se pasó una vida
y no vinieron.
¿Tanto cuesta decir te quiero?

IMPERIO

Tengo un amor
que yo llamo un imperio
de roca y de fragua,
de piedra... hasta los cimientos.

Ayer me dieron a elegir,
un amor nuevo,
amor de adolescencia,
que vive en el recuerdo.

Yo en los diecisiete
para empezar de nuevo.
Volví la cabeza y dije:
¡Yo ya tengo mi imperio!

Por nada lo cambiaría,
pues lo llevo dentro.

Cuarenta y un años vividos
¡y quiero seguir viviéndolos!

Quiero estar bajo su piedra
hasta que lo quiera el tiempo.

Con él he sido y soy feliz
y de nada me arrepiento.

ME GUSTA EL MAR

Me gusta el mar
con sus olas de plata
y, cuando hay nubes,
están como enlutadas.

Con el sol todo cambia,
brillan las aguas
y sus olas bailan la danza.

¡Cómo brilla el sol
reflejado en sus aguas!
A mí me parecen sábanas blancas,
nubes de algodón
o blancas escarchas.

Aspiras la brisa,
tú la observas
y en ella
absorta quedas.

Puerto Real, 9/ 11/ 2004

TEMPESTAD

Cuando el viento sopla fuerte,
se le llama tempestad.
Si es levante, te molesta;
si es del norte, mucho más;
y si te cala los huesos,
se le llama polar.

Tempestad en mar revuelto,
olas que chocan sin cesar,
que entre ellas se pelean
¡con lo grande que es el mar!

A lo que yo vi en tus ojos
¿cómo se le puede llamar?
Porque el levante molesta
y no fue así tu mirar.

Al norte se parecía,
pero fue algo mucho más,
un poco Polar sí era
porque me llegó a calar.

Era como las olas
que chocaban al mirar,
y chocaron con la mirada
una negra *madrugá.*

Grande fue la pelea,
como las olas del mar.
Nadie podía separarlas,
¡aquello fue tempestad!

CUÉNTAME

Cuéntame, madre, un cuento
sentada en tu falda,
que yo no tengo sueño
y la noche es muy larga.

Háblame de cielos azules
y de noches estrelladas,
de lunas brillantes
que se bañan en el agua.
De auroras boreales
que alegran el alba.

De rayos de sol
sobre arenas doradas,
de barcos que navegan
en tranquilas travesías.

Cuéntame un cuento, madre,
de grandes explanadas
y ranas en las charcas.
De verdes montes
y altas montañas.

Caminos llenos de flores
y veredas anchas,
de jara florida
con mariposas blancas.

Con pájaros de colores,
con palomas blancas
que gorgojean en la mañana
buscando el alimento
que el campo derrama.

Cuéntame un cuento
sentada en tu falda,
oyendo tu voz,
mirando tu cara.

Quedarme dormida
bajo tu mirada
y así, madre mía,
siempre me quedara,
pues no tengo prisa
de que llegue la mañana.

LLAMA

Una llama encendí
en mis dieciocho primaveras.
Qué trabajo me costó
encender aquella candela.

Cada día echaba leña nueva,
fue difícil mantenerla,
pero nunca me faltaron
las fuerzas.

Mucho llovió y venteó,
pero siempre tuvo leña.

Unas veces me quemaba,
otras me arrimaban a ella,
nunca faltó la llama
ni en invierno ni en primavera.

Día de mi cumpleaños
y llaman a mi puerta:
un gran ramo de flores
¡aunque ya pase los sesenta!

Yo lo cogí sonriendo
y dije ¡Leña nueva!
Leña nueva para mi candela.
Pienso tenerla encendida
hasta después de que me muera.

SER MUJER

Huyendo de la soledad,
me puse a escribir un poema
de cuando me dabas la mano
cruzando la plazuela.

Mi madre desde la ventana:
¡Esta niña cómo juega!

Nos íbamos al parque
entre risas y carreras.
Tú le dabas a la comba
y yo saltaba la cuerda.

Tú me mirabas y reías,
yo agachaba la cabeza.
Me miraban tus ojos
y a mí me daba vergüenza.

Empezaba a ser mujer
y no me daba ni cuenta.

Me fuiste a dar un beso,
yo corrí hacia la puerta.
Me alcanzaste otra vez
y en tu boca caí presa.

Mi madre al entrar me dijo:
¡Esta niña cómo entra!
Yo acababa de dejar
mi niñez en la puerta.

Entré en mi cuarto,
cogí en brazos a mi muñeca,
le di dos besos
despidiéndome de ella.

Solo pensaba en ti
y en lo feliz que era.

EL PUENTE

Fue al cruzar el puente
cuando me dijiste *te quiero,*
yo volví la mirada
y me perdí en tus ojos negros.

Fue al cruzar el puente
cuando me acercaste a tu cuerpo,
el mío tembló como cervatillo pequeño.
Tú me diste el primer beso
que yo llevo en mi recuerdo.

Fue al cruzar el puente.
Me juraste amor eterno.
Yo un poco asustada
confié en tus sentimientos.

Hoy cruzo el puente
de tus brazos sonriendo.
Hablamos del pasado
y nos damos otro beso.

Sigo cruzando el puente.
Cincuenta años fueron,
con calor, frío y viento,
agarraditos del brazo
como dos chavales nuevos.

Fue al cruzar el puente.
¡Y lo seguiremos cruzando
mientras tenga fuerza el cuerpo!
Quizá no podrán nuestras piernas,
pero sí los sentimientos.

Aniversario de boda, 2008

EL CUQUITO

Cuquito, cántame,
cántame, cuquito,
en la mañana tranquila
tu canto era bonito.
Por mi ventana te escucho
ese cantar despacito.

Cuquito, cántame,
cántame, cuquito.

En el árbol del colegio,
que están llegando los niños,
tu canto anuncia un nuevo día
que nos regala el Bendito.

Cuquito, cántame,
cántame, cuquito.

Cuando tú cantes mañana,
Cuquito, ¿dónde estaré?
Tal vez en tierras lejanas
Tal vez para no volver.

En mis oídos, cuquito,
tu cantar llevaré.

Cuquito, cántame,
cántame, cuquito.

Se va apagando tu cantar,
ya entraron todos los niños...

Mañana desde mi ventana.

¿DÓNDE?

¿Dónde están los poetas andaluces?
¿Dónde están? ¿Por qué se fueron?
¿Dónde está García Lorca?
¿Dónde Juan Ramón con su Platero?

Con lo bien que se está en Andalucía
con esta libertad de pensamiento.
¡Democracia para todos
sin frenos en los sentimientos!

¿Dónde están los poetas?
Solo nos quedaron sus versos
en papel mojado
rodando por los suelos.

Con las prisas de hoy en día,
nadie dispone de tiempo,
tiempo para leerlos
con las nuevas tecnologías.

Se quedaron en el recuerdo.

EL POETA

¿Cómo es un poeta?,
me pregunto y pienso.

Un poeta tiene el corazón grande
donde cabe un universo,
donde hay ríos y montañas,
sol, estrellas y cielo.

Playas de arenas finas
con brisa de viento,
nieves en las montañas
que el sol va derritiendo.

Montaña con muchos caminos
donde sube el arriero
con el trote del borrico
y el ladrido del perro.

Con el viento por bandera
que barre *to* los desiertos.
Con el cielo de techo

donde el águila vuela
hasta que se pierde en el tiempo.

Es más grande el corazón
fluyendo como río abierto,
lleno de peces, patos y flamencos.

El sol brilla alto
y se siente el calor en el suelo.

Sentir el llanto de un niño,
escuchar a su madre en besos.
La sonrisa de la criatura
que atraviesa sus huesos.

Un poeta,
un poeta es más grande que todo eso.

Piensa en el pajarillo
que le canta al pensamiento
en el perfume de una naranja
cortada en el mes de enero.
En tantas y tantas cosas
que no le caben en el cuerpo.

Rompe con la pluma
y se pierde en el tiempo.
Enamorado del aire
que no le cabe en el pecho.

DÍAS DE NIEBLA

Días de niebla
sin golondrinas
ni tórtolas de canto silvestre.

Cuando el sol está entumecido
y no amanece.

Cuando el geranio
está triste y no florece.

Días de niebla
cuando el canario
está triste y se enmudece.

Días de niebla,
qué lentos pasan
¡y cómo nos duelen!

Miramos por la ventana
y todo duerme.

Todos con la esperanza
de un sol naciente,
porque la esperanza
es lo último que se pierde.

LAS HORAS

Las cinco de la mañana
me dieron hoy recordándote.

El sol salía
y no podía olvidarte.

Mientras más apretaba el día,
el dolor más intenso era.

Un siglo me pareció,
y no consigo arrancarte
del centro de mi corazón.

Quererte tres días
y una vida entera
para olvidarte.

LEJOS

Si te alejas de los hijos,
larga es la distancia
pensando siempre en volver
para poder ver sus caras.

Que si me echarían de menos,
que si algo les faltaría,
preocupaciones siempre tienes
aunque verlas no quería.

Resbalan las lágrimas
una y otra vez,
como laderas mojadas.
Que un hijo no se olvida
aunque la distancia sea larga.

Puedes siempre pensar
en el hijo de tus entrañas,
pues un pedazo perdiste
y lo dejaste en la distancia.

SABORES

Los sabores de mi tierra
son famosos en el mundo entero,
pues todo el que aquí llega
enamorado se queda.

De nuestro jamón de Jabugo
y de nuestro aceite de oliva
pa qué te voy a *contá,*
si por la mañana te despiertas
con una buena *tostá* con aceite de oliva.
Por supuesto,
¡qué bien se te queda el cuerpo!

A mediodía,
con gazpacho y salmorejo
pa combatir *la caló*
que a esas horas está cayendo.

Por la noche un vinito
de jerez, de montilla o de mi pueblo,
y de compaña un marisco,

también de nuestros puertos.
Con un *pescaíto* frito
¡que resucita a un muerto!

Somos ricos sin un duro
y lo seguiremos siendo.
De esta tierra no voy a salir
aunque me llamen cateto.

DESPEDIDA DE LA MADRE

Rayito de sol brillante
que por la ventana entras,
le diste un beso a mi madre
cuando ya estaba muerta.

Te vi entrar y te envidié
por haberte podido despedir de ella.
Yo no pude despedirme
teniéndola tan cerca.

De noche me despierto
viendo su belleza eterna
de alma viva, que no de muerta.

Los besos que no te di
mandártelos quisiera
con el rayito de sol,
y allí quedarme siempre a tu vera.

SOMBRAS

Me puse a pensar
debajo de la higuera,
cuando la hoja es ancha,
¡qué sombra tan buena das!

Qué cortos los días
a la sombra de la higuera.
Qué largos se hacen
cuando el sol te quema.

Mi vida pasó
debajo de la higuera.
Corta se me hizo
estando a tu vera
y, cuando tú no estabas,
qué larga la espera.

Llegó el otoño
y la hoja cayó.
Sombra ya no tengo
y ahora vivo al sol.

Largos los días,
triste la espera,
habrá que esperar
una nueva primavera.

Debajo de la higuera,
a su sombra estaré
hasta el día que me muera.

AFILADOR

Afilador que pasas
afilando las tijeras
y tocas la armónica
a tu manera.

Despiertas al niño
que duerme la siesta.
La madre se enfada,
te grita en la puerta.

Tú sigue en la calle,
que no te detengan,
con tu musiquilla al viento,
se alegra la vieja,
pues le traes los recuerdos
de sus años de nueva,
de cuando a la calle salía
a afilar sus tijeras.

Bonitas costumbres
que existen en la tierra mía.

ÁLBUM

Ayer abrí el álbum de fotografías.
¡Cuántos ojos me miraban!
¡Cuántas cosas me decían!
¡Cuántos años que pasé
junto a la familia mía!

Vi a mi padre y a mi madre
y a mí cuando era chica,
a mis hermanos pequeños,
a toda una familia unida.

Luego las fotos de sus bodas,
cada cual con sus vidas.
Las fotos de mis hijos,
cada año que cumplían.

Sus primeras comuniones,
todos juntos seguían.
Luego vinieron sus bodas.
¡Cómo pasó mi vida!
Fue como abrir y cerrar
aquel álbum de fotografías.

VENTANA

Ventana,
libre ventana,
por donde entra el aire fresco
de la mañana.

Es de la casa el mirador
y por la larga tarde
entra el sol.

Por una ventana
me enamoré
cuando tú pasabas
al atardecer.

Por una ventana
nos dijimos tantas cosas,
y cada vez que me acuerdo
me parecen más hermosas.

¡Cuántas promesas en ella!
Las rejas fueron testigos
de lo que tú me dijiste.

Hoy miro la ventana
de nuestro amor
y solo en promesas quedó.

No fue la culpa de la ventana,
la culpa fue de los dos,
porque el orgullo de juventud
nos destruyó.

NIÑEZ DE OTROS TIEMPOS

Qué niñez más bonita tuve,
criá en el campo,
buscando los nidos
y subiéndome al árbol.

Los polluelos acariciaba
mientras su madre cerca piaba.
Recogía margaritas
y las deshojaba.
Le preguntaba si me querías
o si me amabas.
Inocencia bonita de las flores.
Cogía campanillas
de todos los colores.

Mientras corría por los arroyos,
veía pasar el agua a su antojo.
Niñez bonita de otros tiempos
que se pasaron tan pronto.
Es lo que siento...

Solo duró un verano,
lo que duró la margarita
entre tus manos.

SUEÑO

Bendito sueño
en el cual te fuiste.
Te busqué esta noche
y no viniste.

Mientras a la luna miraba,
te busqué y tú no estabas.
Conté las estrellas.
¡Qué noche tan larga!
Noche en vela.

Te llamé y no venías,
te volvía a buscar
y tú te ibas.

Por más que te busqué
no te quedaste.
Te volví a buscar
y te marchaste.

Bendita mañana que por fin llegó.
Yo me levantaba y tu venías,
y ahora te vas
de la verita mía.

PAYASO

Payaso, tú con esmero
te pintas la cara
para sacar del público
la carcajada.

Ojos pequeños,
grandes orejas,
para hacer feliz
a todo el que está a tu vera.

Mientras sonríes, piensas
que hacer reír a los demás
a ti te compensa.

Demasiada tensión
tenemos ya en la Tierra.

Reímos todos,
¡qué algarabía!
Sentimos en el alma,
toda tu alegría.

Qué profesión tan bonita
la del payaso
que nos hace pasar a todos
tantos buenos ratos.
Entregado al público
en cuerpo y alma
y saber que tan buen rato
con nada se paga.

LA ESPERA

Dos luceros mis ojos,
los ojos de mi cara
que vigilan en la noche
cuando sales de la casa.

Si tardas,
dos ríos de lágrimas
surcan mi cara.

En mi cuello una soga
que aprieta mi garganta.
En el pecho siento un fuego
que me quema las entrañas.

El cuerpo está inerte
a las seis de la mañana,
cuando me diste un beso,
el corazón ya agonizaba.

AMOR DE MADRE

Amor de madre
a ningún otro se parece.
Lo sientes tan adentro
que hasta te enloquece.

Es tierno como una flor,
tan ardiente como lo es el sol,
es la gamuza que quita el polvo,
pasa suave y lo limpia todo.

Es como la abeja
que chupa el néctar,
se lo quita a la flor
que no se da ni cuenta.

Es como el vuelo
de la gaviota,
pasa por encima
y no lo notas.

Te da el sustento de la vida.
Eres un trozo de su cuerpo,
eso no lo olvidas.

¡Ay, quién pudiera
tener el amor de una madre
siempre a tu vera!

AL ALBA

Al alba me enamoré.
Mañanitas de rocío,
nunca lo olvidaré…
Una candela encendida
de ramas y hojarasca,
en la montaña crujían.

Ráfagas y resplandores
que la candela soltó,
tan fijas las miradas
que así mis ojos cegó.

Cieguecita me quedé
para el resto de mis días,
mientras ramas y hojarasca
en la mañana crujían.

Las estrellas se pusieron
mientras entre tus brazos dormía.

COMO LO VES

En el ocaso de la vida,
las cosas se ven más claras,
con la mirada perdida,
ves el cristal del agua.

El sol de junio
que brilla
y el alma
te traspasa.

El vuelo de las mariposas blancas.
¿Cuántas veces te paraste
a escuchar cómo los pájaros cantan?

El verdor de los árboles
los ves desde tu butaca.
Solo el pensamiento
se sube por las ramas.

Cuando cogía sus frutos
y la ropa destrozada,

y ves a tu madre reñirte
cuando llegabas a casa.

Qué claro todo lo ves
cuando las fuerzas te faltan.

LA MUJER DE

Mi marido es camionero,
mala profesión.
Se me fue media vida
mirando por el balcón.

Treinta años seguidos
sin un reproche.
Ese es su trabajo,
sea de día, sea de noche.

La una, las dos…
«Está la carretera tranquila,
me voy al camión».

Te dan las claras del día.
¿Dónde estará?
¡No son celos, no!
Es intranquilidad.

Qué larga la espera,
siempre pensando en la carretera.

¿Será una avería?
O tal vez ¿una rueda?
¡Lo vi tantas veces
tirado en la cuneta!

Pero llegó el móvil,
¡bendita invención!
Si estoy intranquila,
lo llamo yo.

Ahora sé dónde come
y dónde se queda
y sé cuánto falta
para estar a mi vera.

¡Qué sabrán algunas mujeres
lo que es una espera!

PURRI. PADRE

Chiquitillo que echas a andar
una mañana de lluvia
cegándote en el temporal.

Con tu borriquillo pardo,
no dejas de acarrear,
que el *ganao* está en la cuadra
listo para ordeñar.

Chiquitillo pero matón
se les llama a los bravos.
Y ya me sé tu respuesta
antes de haber acabado.

Con siete hijos a tus espaldas
y un sueldo del Gobierno
que no daba para nada.

Muchos amigos tienes
y ellos mucho te quisieron.
Se te pasó media vida

con ellos haciendo tratos.
Con mucha palabrería,
el trato quedaba *cerrao*
para cobrar otro día.

Con cuatro vasos de vino,
¡qué bien se te queda el cuerpo!
A todos les sonreías
o te cagabas en sus muertos.

Con buenos brotes de humor,
nunca te peleaste.
Cuando llegabas a casa,
derechito para acostarte.

¿Qué me dices ahora?
Treinta años jubilados,
con tu paga del Gobierno,
¡ahora sí que has *acertao*!

Todo el día haciendo palma,
echando asiento a la silla
o cestitas para la casa,
con tu cervecita bien fría.

Por la tarde hay partido
o toros en el televisor
o un puesto con tu hijo
cazando al perdigón.

Por la noche de copita,
¡que para eso tienes un gran yerno!,
que te lleva y que te trae.
¡Me voy al moto club con mi suegro!

¿Qué se le puede pedir
a noventa años de vida?
Hoy almuerzas con tus hijos,
con tus nueras y tus yernos
que tú bautizas cada día.

Y así nos seguirás bautizando
mientras que el ojo te viva.

PALMERA

Palmera, alta palmera
que desafías los vientos y las arenas,
tus hojas siempre verdes
de tu tallo secan.

Palmera, alta palmera,
cruje tu tronco
cuando el viento aprieta
y tú te resistes como las piedras.

Palmera, alta palmera,
¿cómo puedes ser tan fuerte
con el peso que conllevas?

Temporales de agua,
viento del desierto llega,
tú te resistes orgullosa
y con tu largo tronco
arriba tus hojas vuelan,
bailando
una danza eterna.

EN FEBRERO

Febrero, era febrero
cuando brillaba la luna,
la última de febrero.

Tú te acercaste a mi reja
y me dijiste te quiero
y vi el brillo en tu mirada
como dos luceros negros.
Acariciaste mis mejillas
y nos dimos el primer beso.

Febrero, era febrero,
con la luna plateada,
brillante, de febrero.
Quedé presa en tus labios,
en tu mirada,
presa quedé en el tiempo.

Febrero, era a últimos de febrero,
te acercaste a mi reja
con un nuevo sentimiento
que vi en tus ojos traicioneros.

La luna se ocultaba
entre nubes y en silencio
para no escuchar las palabras
que todavía recuerdo.

Yo presentí un frío viento,
era el viento de febrero.
Tú desviaste tu mirada
al decirme no te quiero,
y yo quedé helada
como el frío de febrero.

¿Cómo olvidar tu mirada?
¿Cómo olvidar el primer beso?

Febrero, era febrero,
no lo olvidé nunca,
ni con el pasar del tiempo.

SOÑAR

Soñar es bonito,
¡qué bonito es soñar!
Soñar que uno es poeta
con poesía y no más.

Soñar con la nieve blanca
mirando tan solo el mar,
olas vienen, olas van.

Soñar es bonito,
¡qué bonito es soñar!
Soñar que eres marinero
y en tierra firme estás,
y soñar que eres torero
si te echas a la mar.

Si alguien te contradice,
tú no dejes de soñar,
que, mientras algo siga en tus sueños,
todo lo alcanzarás.

30/12/2008

SUAVE Y FRESCA

Agua que del cielo cae
suave y fresca,
lava la copa del árbol
y el polvo del camino asienta.

Las penas se las lleva el agua
aunque otras nuevas aparezcan.
Limpia las alcantarillas
cuando el agua rueda.

Agua que del cielo cae
suave y fresca,
que tanto espera el campesino
a la hora de la siembra.
Esponja la tierra
y brota la cosecha.
Esperando lluvias nuevas
para que fortalezca.

Agua que del cielo cae
suave y fresca.

ACRÓPOLIS

Acrópolis griega,
cerro tallado en piedra
con esclavos sin jornal,
dando sus huesos en tierra
sin poder aguantar más.

Aquí canta el cuquito,
pero tiene otro cantar,
canto de siglos vividos
delante de su mirar.

Entre arcos y columnas de piedra,
siempre mirando hacia atrás.

Sigue el cuquito cantando,
pero tiene otro cantar.
La diosa Atenea
lo sigue escuchando
desde hace siglos ya.

Sus piedras se desboronan
escuchando ese cantar,
rodando por la montaña
una a una caerán.

El cuquito sigue cantando
porque no quiere llorar.

Sitio en donde Onassis tenía su mesa,
donde contemplaba tanta belleza
y escuchaba su cantar.
Cantar de melancolía.
Cuquito, no cantes más.

Mi alma aquí se queda,
no quiero alejarme más.

Atenas, 25/05/2009

EL MAJUELO

Mañana de verano
en la viña del abuelo
cuando íbamos al campo
para ver los viñedos.

Más que verlos, ¡degustarlos!
Esos racimos morados
que colgaban del majuelo.

¡Qué orgulloso él venía!,
con el mejor de sus racimos
entre sus dedos,
con el polvillo pegado
de suave terciopelo.

A él se le alegraban los ojos
cuando venían sus nietos
y nos ponía una estera
para sentarnos a la sombra de la higuera.

Mientras él iba y venía
por en medio del majuelo,
acariciando los racimos,
para nosotros comerlos.

¡Qué buenas estaban las uvas!,
dulces como el caramelo.
Sin duda,
las mejores del año
porque eran del abuelo.

VERANO EN EL CAMPO

Verano de verdolagas
y carihuelas en flor,
de quinceañeras bonitas
buscando nuevo amor.

De campos de lechuguetas,
todas celestes en flor,
parecía el mar en calma
con el reflejo del sol.

De libélulas en las charcas
todas llenas de candor,
con sus transparentes alas
que nada las igualó.

Veranos de Andalucía,
¡que solo se habla de *la caló*!,
mientras las cosas bellas
las dejamos en un rincón.

ANSIAS

Ansias de libertad
en el jardín de la vida,
como sueño se alejaba
y otra nube que llegaba.

Sueños de libertad,
alas de libertad,
mientras dura una vida.

Los sueños vienen y van
Y así se va media vida,
con ansias de libertad.

MALA VENTOLERA

Negra madrugada,
mala ventolera,
que entró por mi ventana
arrancándome las rejas.

Dejé mi cama vacía,
sola... Quedé en ceguera
porque se vino a llevar
los sueños de una vida entera.

Se llevó puertas y ventanas.
¡Mala noche aparecieras!
Todo fueron nubarrones
de una madrugada negra.

Gotas caían del cielo,
que eran lágrimas negras,
negras como esta noche
de esta mala ventolera.

Ramos de cuajo arrancaste
sin preguntar de dónde eran.

Viento,
venganza de la tierra,
venganza
de una buena cosecha.

Desperté
con la mala ventolera
y te llevaste mis ojos
para que nunca más viera.
Y me dejaste este vacío
cuando arrancaste mi reja,
donde me enamoré,
donde viví una vida entera.
Y ya… qué poca me queda.

¡Déjame, ventolera!
¡Déjame, por Dios!
¡Déjame sola
con mi ceguera!

VERANO 2020

¿Cómo encontraste la playa, niña?
Limpia y serena,
con palomas y gaviotas
que recuperaban su pareja,
aquella que perdieron con la pandemia.

¿Y cómo encontraste el paseo
que desde tu ventana vieras?
Verde, todo verde,
con blancas carihuelas,
con árboles frondosos
que pasaban de la pandemia.

¿Y cómo viste a tus amigas?
Cansadas y más viejas,
pero siempre con alegría.

¿Y qué sentiste tú
cuando pisaste la arena?
Sentí frío y calor
y una rara existencia.

¡QUE VUELVAN!

Que vuelvan los besos olvidados,
que vuelvan los abrazos que no se han dado.

Que vuelvan las sonrisas en la cara,
que las mascarillas han tapado.

Que vuelvan los saludos de amistades,
los «te quiero» en las calles.

Que vuelvan los niños a la escuela
con sus amigos de la mano.

Que vuelvan los jóvenes a reunirse
y se escuchen risas y canciones.

Que vuelvan las familias a unirse,
que sin ellos los abuelos no son nadie.

Que vuelvan, por Dios,
¡que vuelvan!
Y se acabe el silencio en las calles.

ÍNDICE

Prólogo, por Inma Fierro   9

Hoy soñé   15

Carnaval   18

Buena esperanza   20

Tronco seco   23

Carretera   25

Juventud   26

Vejez   27

Primavera   28

Bagdad   30

A la feria   32

Soledad   34

Amor   36

Playa de Cádiz   38

Vida   40

Domingo   41

El pájaro   42

Depresión   43

Juventud de dictadura   45

Nada   47

Fortaleza   49

Golondrina	51
Libertad	52
Madre	54
Soltera	57
Anhelo	59
Imperio	60
Me gusta el mar	62
Tempestad	63
Cuéntame	65
Llama	67
Ser mujer	69
El puente	71
El cuquito	73
¿Dónde?	75
El poeta	76
Días de niebla	79
Las horas	81
Lejos	82
Sabores	83
Despedida de la madre	85
Sombras	86
Afilador	88
Álbum	89
Ventana	90
Niñez de otros tiempos	92

Sueño	94
Payaso	96
La espera	98
Amor de madre	99
Al alba	101
Como lo ves	102
La mujer de	104
Purri. Padre	106
Palmera	109
En febrero	110
Soñar	112
Suave y fresca	113
Acrópolis	114
El majuelo	116
Verano en el campo	118
Ansias	119
Mala ventolera	120
Verano 2020	122
¡Que vuelvan!	123

¿Te ha gustado este libro?

Si estos versos te han emocionado, hecho reflexionar o simplemente acompañado, **tu reseña sería el mejor regalo para la autora.** Cada comentario sincero alimenta su pasión por seguir escribiendo.

Comparte tu experiencia:

En tus redes sociales
Una foto de la cubierta con tu opinión puede inspirar a otros lectores a descubrir estos versos.

En nuestra web de Ediciones Pangea
Tu reseña ayudará a otros lectores a descubrir nuevos mundos y aventuras literarias.

Con familiares, amigos y otros lectores
El boca a boca sigue siendo la recomendación más poderosa que existe.

Tu opinión auténtica, larga o breve, cuenta. Tu recomendación puede encender la pasión por la lectura en otra persona.

¡Gracias por formar parte de esta comunidad de lectores!

Ediciones Pangea

Esta edición de *Romanceros y versos de andar por casa*, de Encarnación Jiménez Maestre, terminó de imprimirse en marzo de 2026.